AF221076

So lebt

Stuttgart

*Der perfekte Reiseführer
für einen Aufenthalt in Stuttgart inkl. Insider-
Tipps und Packliste*

Miriam Loerts

✈ INHALT

Das erwartet Sie in diesem Buch

Stuttgart ist eine Stadt, von der jeder in Deutschland lebende Mensch zumindest weiß, wo sie sich befindet. Doch bei den meisten Menschen, abgesehen von den Menschen, die in Stuttgart und Umgebung leben, hört das Wissen über die Stadt an dem Punkt auch schon wieder auf. Die Hauptstadt des Bundeslandes Baden-Württemberg hat es allerdings in sich und wird leider meist nur als weitere Großstadt abgestempelt.

Bereits im frühen Mittelalter wurde der Standort der Stadt für verschiedene Zwecke genutzt und ist heutzutage nicht grundlos ein wichtiger Anlaufpunkt für den Wirtschaftsraum in Baden-Württemberg. Fernab von der Wirtschaft hat die Stadt allerdings weitaus mehr zu bieten. Mit vielen Schlössern und der vielfältigen Natur innerhalb der Stadt und im Umland kann diese Stadt Sie fesseln. Besuchen Sie einen Zoo mit einem eigenen Botanischen Garten, welcher in dieser Kombination europaweit einzigartig ist. Mit weiteren zahlreichen Kulturangeboten wie Theaterstätten und Museen wird Ihr Aufenthalt unvergesslich. Stuttgart besitzt zudem ein mehrfach ausgezeichnetes Opernhaus und ein weltweit bekanntes Balletthaus.

Falls Sie nun Interesse an einem Besuch in dieser atemberaubenden Großstadt haben, ist dieser Reiseführer genau das Richtige für Sie! Bringen Sie in diesem Buch alles über den Aufbau und die Geschichte der Stadt in Erfahrung. Lernen Sie sowohl die Innenstadt als auch das Umland kennen und erfahren Sie Allgemeines zu den Hotspots und Sehenswürdigkeiten sowie zu den Geheimtipps, die meist sehr unterschätzt werden oder unentdeckt bleiben.

Der Reiseführer verschafft Ihnen Einblicke in die wunderbare Flora und Fauna des Umlandes und zeigt Deutschlands Natur aus einem ganz anderen, neuen Blickwinkel. Besuchen Sie nach Empfehlung dieses Buches die besten Restaurants und Hotels für einen unvergesslichen Aufenthalt. Erlangen Sie einen Gesamtüberblick über die Stadt. Was zeichnet diese Stadt aus, warum hebt sich diese Großstadt von den anderen Großstädten ab und was macht sie für Touristen so freundlich?

Allgemeines zur Stadt Stuttgart

GEOGRAPHIE

Stuttgart ist eine Großstadt im Süden Deutschlands. Sie ist die Hauptstadt vom Bundesland Baden-Württemberg und liegt im Zentrum des Wirtschaftsraums „Mittlerer Neckar". In Stuttgart leben mehr als 600.000 Menschen, wodurch die Stadt von den Einwohnerzahlen her auf Platz 6 aller Großstädte in Deutschland liegt. Insgesamt besitzt Stuttgart 23 Bezirke mit rund 152 Stadtteilen.

Die Stadt ist im Tal „Stuttgarter Kessel" angesiedelt. Rund um die Stadt herum haben sich kleinere Ortschaften angesammelt, welche zum Umland von

Stuttgart gehören. Südlich von der Stadt liegend fließt zudem der Fluss Neckar. Je nachdem, wo Sie wohnen, kann sich auch ein Tagesausflug zu den Ufern des Flusses anbieten. Von Frankfurt am Main aus beträgt die Fahrtdauer ca. 1 ½ Stunden und von München aus sind es 2 ½ Stunden. Sogar die französische Stadt Straßburg ist nur knappe 2 Stunden entfernt und nach Konstanz, der Stadt am großen Bodensee, sind es auch nur knappe 1 ½ Stunden. Ein weiterer Grund für die Ansiedelung ist der Fluss Neckar, welcher mitten durch die Stadt fließt. Genutzt wird dieser für die Wasserstraßen und den Wassertransport.

NAMENSGEBUNG UND BESONDERHEITEN

Der Name Stuttgart besteht aus zwei Worten. Zum einen „Stutt" (früher auch Stuot), was im früheren Sprachgebrauch so viel wie Herde oder auch Stute (weibliches Pferd) bedeutet. Und zum anderen aus „gart", wie Garten. Wenn man es genau nehmen will, heißt Stuttgart demnach „Pferdegarten".

Zwischen dem 8. und 10. Jahrhundert war Stuttgart eine ländliche Siedlung mit wenigen Einwohnern. Zu dieser Zeit hieß die Siedlung noch „Stutkarten" (1160) oder „Stuotgart" (1229). Dieser Name kann darauf zurückgeführt werden, dass Herzog Liudolf von Schwaben in der Siedlung damals ein Pferdegestüt beziehungsweise eine Pferdezucht errichtete.

Das Stadtgebiet von Stuttgart befindet sich auf einer Fläche mit einer Höhendifferenz von 350 m. Die Stadt zieht sich von einer Höhe von 207 m bei einer Neckarschleuse bis hin zu einer Höhe von 549 m bei dem Autobahnkreuz Stuttgart. Stellen, die in Stuttgart besonders hervorstechen, sind beispielsweise der Birkenkopf (511 m), der Württemberg (411 m) sowie der Grüne Heiner (395 m).

Zudem gibt es in der Stadt die „Stuttgarter Standseilbahn", welche Sie vom Tal bis hin zu einem höher gelegenen Friedhof bringt. Die Seilbahn existiert seit 75 Jahren und gehört seit 1986 zu den Stuttgarter Kulturdenkmälern.

Diese Seilbahn fährt im 20-Minutentakt und legt dabei eine Strecke von einem halben Kilometer bei einer Steigung von 28 % zurück. Durch diese

Steigung gelangt die Bahn während der Fahrt nach oben auf eine Höhe von rund 87 m. Diese Attraktion ist besonders empfehlenswert, wenn Sie die Natur Stuttgarts kennenlernen möchten, da diese Fahrt Sie durch einen Wald führt.

Die Stuttgarter Standseilbahn war die erste und vor allem schnellste gesteuerte Seilbahn Deutschlands. Seit der Eröffnung ist die Bahn unfallfrei geblieben und dementsprechend sehr sicher. Abgesehen von der morgendlichen Kontrolle benötigt die Bahn keine Wartungen, dennoch wurde die Bahn im Jahre 2004 modernisiert, sodass sie auch technisch auf dem neuesten Stand ist.

Abgesehen von der Standseilbahn wird Stuttgart auch gerne als Geburtsort des Automobils bezeichnet. Dieser Titel entstand dadurch, dass Gottlieb Daimler und Wilhelm Maybach im Jahre 1885 in Stuttgart gemeinsam den ersten Benzinmotor erfanden.

Stuttgart wurde, wie viele deutsche Städte im Zweiten Weltkrieg, größtenteils zerstört. Doch trotzdem besitzt die Stadt viele schöne alte Bauten und Plätze. Das kommt daher, dass nach dem Weltkrieg in Stuttgart sehr schnell vieles wiederaufgebaut wurde. Viele Gebäude hatten und haben immer noch einen besonderen Wert für die Einwohner.

Eine Besonderheit der Hauptstadt Baden-Württembergs ist zudem die Anzahl der Stadtbezirke. 23 hat diese Stadt zu bieten. Während andere Großstädte wie Berlin nur 7 haben oder Köln 9, so kann Stuttgart mit einer überwältigenden Anzahl an Bezirken punkten. Diese 23 Bezirke haben dabei dann noch 152 Stadtteile und 318 Stadtviertel. Unglaublich, wenn Sie mich fragen! Aber warum hat Stuttgart so viele Bezirke? Dies hat mit der Vergangenheit der Stadt zu tun. Damals war die Stadt nämlich noch relativ gespalten, wenn es um die Reichtümer und Gruppen geht. Mit Gruppen sind die reichen und machtvollen Geschäftsleute und Adligen oder die ärmeren Bauern und Untertanen gemeint. Die Bauern lebten logischerweise etwas außerhalb der Stadt beziehungsweise am Stadtrand, wo sie ihre Felder bestellen konnten und sich um ihre Tiere kümmern konnten, während die reicheren Geschäftsleute und Unternehmer im Zentrum ihren Reichtum auslebten. So versuchten sich die Menschen damals schon, von anderen Klassen abzuschotten und steckten ihr Gebiet quasi ab. Heutzutage kann man diese

Gruppen so nicht mehr einteilen. Geblieben sind die Bezirke allerdings trotzdem. Ich selbst fände es mittlerweile viel zu viel Aufwand, alles umzuschmeißen, um die Bezirksanzahl zu verringern und stören tut es ja auch niemanden.

GESCHICHTLICHE INFORMATIONEN UND HINTERGRÜNDE

Vielen Funden nach zu urteilen, benutzten bereits während der Eiszeit menschliche Jäger das Gebiet, in dem Stuttgart sich befindet, als Lagerstätte.

Im Jahre 950 gab es die Siedlung Stuortgarte, aus welcher letzten Endes dann Stuttgart wurde. Vermutungen nach bildete sich diese Siedlung aufgrund des Neckars. So konnten die Menschen dort fischen und ihre Felder bewässern. Bereits im Jahre 1286 erhielt die Siedlung ihre Stadtrechte und stieg zum heute genannten Stuttgart auf. 1482 wurde Stuttgart dann zur Haupt- und Residenzstadt der Grafschaft von Württemberg ernannt.

Als Herzog Liudolf seine Pferdezucht aufbaute, entstand mit der Zeit eine kleine Siedlung auf dem

Gebiet. Anfangs lebten nur Menschen dort, die auch in der Pferdezucht arbeiteten. Mit der Zeit siedelten sich aber immer mehr Menschen an, sodass am Ende eine immer größer werdende Stadt entstand.

Der Name Stuttgart an sich wurde zum ersten Mal 1229 vom Papst Gregor IX. in einer Urkunde an die Stadt erwähnt. Der Markgraf Hermann V. erhob neben Pforzheim im Jahre 1286 auch Stuttgart zur Stadt.

Im Jahre 1312 begann der Krieg mit dem damals Heiligen Römischen Reich. Zwischen 1312 und 1315 gehörte Stuttgart dann dem römischen Reich an.

Nachdem der Krieg beendet war, im Jahre 1365, fing der Graf von Württemberg Eberhard I. an, seine Residenz auf dem Gebiet von Stuttgart zu erbauen.

Der Krieg mit dem römischen Reich war zwar vorbei, aber dennoch wurde die Stadt von vielen Kriegen und Unruhen heimgesucht. Im Jahre 1514 fand der berühmte Bauernaufstand „Armer Konrad" statt. Der damalige Herzog beendete den Aufstand, folterte, tötete und nahm 1.700 Bauern gefangen.

Der Dreißigjährige Krieg, beginnend 1618, brachte ebenfalls viel Leid über die Stadt. Stuttgart musste Seuchen, Krankheiten sowie Hunger und

Krieg über sich ergehen lassen, wodurch die Bevölkerung auf 4.500 Menschen schrumpfte. Diese schlechten Zeiten besserten sich erst nach Beendigung des Krieges 1648 wieder.

Um das 17. Jahrhundert herum besuchte der Herzog Eberhard der Zehnte (Herzog von Württemberg) das Schloss Versailles von Ludwig dem XIV. in Frankreich. Das Schloss begeisterte den Herzog dermaßen, dass er sich ebenfalls solch ein Anwesen innerhalb von 14 Jahren in Ludwigsburg erbauen ließ.

Nach seinem Tod kehrte der Regierungssitz wieder zurück nach Stuttgart. Viele weitere Herrscher bauten ihre Schlösser und Residenzen auf dem Gebiet von Stuttgart sowie auf dem Gebiet herum.

Im Jahre 1864 war Karl Friedrich Alexander der Herrscher von Stuttgart. Anders als die Herrscher zuvor setzte er sich als Ziel, an der Infrastruktur der Stadt zu arbeiten. Demnach war 1864 die Industrialisierung in Stuttgart angekommen.

Leider lief die Industrialisierung in Stuttgart anfangs nur langsam und schleppend an. Der Grund hierfür war, dass durch eine schlechte Verkehrslage sowie durch schlechte Transportwege viele Ressourcen fehlten. Dieses Problem löste sich auch erst im Jahre 1846 auf, als der erste Bahnhof in Stuttgart gebaut und das württembergische Eisenbahnnetz mit Stuttgart verbunden wurde. Der Bevölkerungszuwachs war ab dann enorm und so waren dann auch wieder genügend Arbeiter vorhanden.

Der Erste Weltkrieg hatte keinen allzu großen Einfluss auf Stuttgart. Obwohl die Stadt bombardiert wurde, waren die Opfer sowie Schäden sehr gering.

Im Zweiten Weltkrieg hatte die Stadt dann allerdings weniger Glück. Der größte Schaden entstand durch einen britischen Angriff mit Luftminen, Brandbomben und Sprengbomben. Während dieses Angriffs wurde besonders die Altstadt von Stuttgart verwüstet und es starben um die 1.000 Menschen.

Während der Nachkriegszeit wurde Stuttgart ein Teil der amerikanischen Herrschaft. Stuttgart wurde zur Hauptstadt des Landes Württemberg-Baden, welches erst im Jahre 1952 den Namen des heutigen Bundeslandes Baden-Württemberg erhielt.

In den 50er und 60er Jahren kamen Gastarbeiter aus Italien und Griechenland nach Deutschland. Auch in Stuttgart wurden einige Gastarbeiter beschäftigt, um den Arbeitermangel auszugleichen. Von diesem Zeitpunkt an stand die Wirtschaft in

Deutschland und auch in Stuttgart wieder auf festen Beinen.

Erst 2010 geschah wieder etwas Nennenswertes zur Geschichte Stuttgarts. Zu diesem Zeitpunkt startete die Stadt nämlich das Bahnprojekt Stuttgart 21, welches in den Medien stark vertreten war und für großes Aufsehen sorgte.

Kulturelle Angebote

MUSEEN, DAS WISSENSANGEBOT DER STADT

In Stuttgart gibt es einige Museen, welche sehr sehenswert sind. Einige der Museen beschäftigen sich mit der Geschichte von Baden-Württemberg sowie der Stadt Stuttgart, andere beschäftigen sich mit dem Auto, welches geschichtlich mit Stuttgart verbunden ist. Und weitere mit der Kultur Europas, anderer Kontinente oder der Natur, die allgegenwärtig ist.

Ein bekanntes Museum ist die Staatsgalerie. Sie ist ein Kunstmuseum, welches sich in der Altstadt Stuttgarts befindet. Das Museum liegt an der Konrad-Adenauer-Straße gegenüber vom „Oberen Schlossgarten". Bereits seit 1843 werden in diesem Gebäude Malereien ab dem Mittelalter sowie Skulpturen ab dem 19. Jahrhundert ausgestellt. Das Gebäude wurde in drei Abteile eingeteilt, in welchen es jeweils verschiedene Ausstellungen und Touren gibt. In der Staatsgalerie gibt es zudem regelmäßig Sonderausstellungen, die allerdings sehr zeitlich begrenzt sind. So sollten Sie sich online informieren, bevor Sie der Galerie einen Besuch abstatten. Die größte Sonderausstellung fand im Jahr 2012 statt. Dabei wurden 185 Exponate von großen Künstlern, unter anderem Picasso, ausgestellt.

Das Linden-Museum liegt am Rand der Altstadt in der Hegelstraße. Das Gebäude steht schon seit sehr langer Zeit an diesem Ort, wobei es im Zweiten Weltkrieg zerstört wurde. Da es aber einen gewissen Stellenwert in Stuttgart besitzt, wurde das Museum als eines der ersten Gebäude in der Nachkriegszeit restauriert. Das Linden-Museum gilt als staatliches Museum der Völkerkunde. In dem Gebäude werden

Sie über die früheren Völker aus Afrika, Nord- und Lateinamerika, aus dem Islam, dem Orient sowie Asien informiert. Vor Ort gibt es sowohl Dauerausstellungen als auch Sonderausstellungen sowie die neuste Ausstellung, welche die Vielfalt der afrikanischen Gruppen behandelt. Das Museum steht im Allgemeinen für die kulturelle Vielfalt der Menschen.

Das Haus der Geschichte Baden-Württembergs behandelt die Geschichte des Bundeslandes. Das Gebäude liegt ebenfalls in der Konrad-Adenauer-Straße, nahe der Staatsgalerie zu finden. Die Dauerausstellung des Museums behandelt einige Abschnitte der Geschichte des Bundeslandes, wie beispielsweise die Revolution, die beiden Weltkriege sowie die Demokratie im Medienzeitalter. Es werden aber auch Themen wie die Umwelt und Natur sowie die gesellschaftlichen Themen Ehe, Religion und Migration in einem historischen Kontext dargestellt. Bei den Sonderausstellungen können die Themen stark variieren, wobei es sich meist um ein aktuelles Thema handelt.

Im Nordosten der Stadt liegt zudem das Mercedes-Benz Museum, welches besonders für Autoliebhaber interessant sein könnte. In der Ausstellung des Museums werden sowohl Oldtimer als auch neuere Modelle von Mercedes-Benz gezeigt. Außerdem gibt es sogenannte „Mythosräume", in welchen spannende und besondere Modelle präsentiert werden. Zudem ist das Museum besonders interessant für Menschen, die sich nicht nur für Autos, sondern auch für die Geschichte von Mercedes-Benz interessieren. Als Zusatz gibt es unweit vom Museum entfernt (ca. 10 Minuten) eine Gedenkstätte für Gottlieb Daimler. Die Gedenkstätte liegt in einem Park und stellt einen der Erfinder des ersten Benzinmotors dar.

Etwas außerhalb von Stuttgart gibt es ein weiteres Museum, welches sich mit dem Auto beschäftigt. Das Porsche Museum liegt im Norden in Zuffenhausen. In dem Museum werden „Legendäre Rennwagen" gezeigt und wie diese funktionieren beziehungsweise gebaut werden. Seit 2009 zeigt auch dieses Museum die Geschichte der Firma Porsche auf einzigartige Weise. Zudem gibt es in dem Museum Dauerausstellungen sowie mehrere Sonderausstellungen im Jahr, in welchen spezielle Autoserien dargestellt oder Jubiläen gefeiert werden.

Mit einem ganz anderen Themenbereich beschäftigt sich das Naturkundemuseum in Stuttgart.

Das Museum ist in zwei Gebäude geteilt. Um in der richtigen Reihenfolge zu beginnen, sollten Sie als Erstes zum Gebäude am Löwentor gehen, da dort die Vergangenheit behandelt wird. In der Ausstellung geht es um Urzeit-Tiere wie Saurier und Mammuts, da besonders die Zeit Jura behandelt wird. Thematisch geht es hierbei besonders um das Überleben der Saurier als Vögel sowie die früheren Lebensräume der Saurier. Das andere Gebäude im Schloss Rosenstein thematisiert hingegen die heutige Tierwelt. Die Ausstellung wurde, um einen besseren Überblick verschaffen zu können, in verschiedene Bereiche eingeteilt, wie Evolution, Lebensräume, Tiere des Meeres etc. Das Museum ist sehr kinderfreundlich gestaltet und es gibt viel zu entdecken.

DIE THEATERVIELFALT
STUTTGARTS

Die Theatervielfalt in Stuttgart ist enorm. Stuttgart beherbergt über 20 Theater, darunter auch private Räumlichkeiten. Zusammen präsentieren diese Einrichtungen im Monat mehr als 700 Vorstellungen. Allein in der Altstadt Stuttgarts gibt es über 15 Einrichtungen, welche Schauspielunterricht oder Vorstellungen anbieten.

Die größte Einrichtung ist wohl das Staatstheater Stuttgart, welches ein Zusammenschluss von drei Einrichtungen ist. Die Oper Stuttgarts, das Stuttgarter Ballett und auch das Schauspiel Stuttgarts haben sich zu einer großen Gesellschaft zusammengeschlossen. Der Hauptort für Vorstellungen befindet sich im Schlossgarten an der Konrad-Adenauer-Straße im Zentrum der Altstadt, gegenüberliegend zur Staatsgalerie. Seit dem 17. Jahrhundert wird hier das Schauspiel praktiziert. Aufgrund der hohen Beliebtheit wuchs das Staatstheater immer weiter und erarbeitete sich im Laufe der Zeit einen sehr guten Ruf, welcher bis heute anhält. Die Vorstellungen gelten als einzigartig, inspirierend und tiefgründig. Viele Stücke werden zu aktuellen Themen geschrieben und erhalten dadurch einen aktuellen Bezug zum Weltgeschehen. Das große Gebäude des Staatstheaters war allerdings nicht immer so glamourös. Es wurde nämlich restauriert und erweitert, nachdem es im Zweiten Weltkrieg enorme Schäden erlitten hatte und nicht mehr benutzbar war.

Das Opernhaus, ebenfalls im Schlossgarten, besitzt über 1.400 Sitzplätze und präsentiert mindestens zweimal täglich beliebte Stücke. Da ich selbst nicht der größte Opernfan bin, kann ich davon nicht berichten, lokale Informationsstellen und auch Menschen, die eher keine Opern mögen, empfehlen allerdings wärmstens, sich eine Vorstellung anzuschauen. Das Opernhaus ist mittlerweile weltberühmt und erhielt 2016 auch zum siebten Mal die Auszeichnung „Opernhaus des Jahres". Das bereits angesprochene Stuttgarter Ballett ist ebenfalls weltbekannt und gilt als Vorreiter in der Branche. Das Theaterhaus bietet neben den vielen Theaterstücken auch Musicals an, die bei allen gut ankommen. Freunde des Theaters und der Oper kommen in Stuttgart hundertprozentig auf ihre Kosten und können sich auf ein abwechslungsreiches und spannendes Programm freuen. In den vielen Theaterorten der Stadt gibt es viel zu entdecken. Die Generationen spalten sich dabei natürlich auch. Während die ältere Generation sich lieber eine Oper anschaut, zieht es die Jugend in Richtung Poetry Slam. Im Endeffekt gibt es für jeden etwas.

Attraktionen

Da Stuttgart als Geburtsstätte des Autos bekannt ist, gibt es außer des Porsche Museums und des Mercedes-Benz Museums auch das Geburtshaus von Gottlieb Daimler zu bestaunen. Dieses liegt etwas außerhalb der Großstadt in einer kleineren Stadt namens Schorndorf, rund 25 km von Stuttgart entfernt.

Aber auch wenn man nicht an Autos interessiert ist, kann man in Stuttgart natürlich viel besichtigen. Es gibt einige Schlösser und zudem kann man auch die Architektur der Häuser und Bauten in und um Stuttgart im Allgemeinen bestaunen, da es einige einzigartige Gebäude gibt. Der Fernsehturm in Stuttgart zum Beispiel bietet von dessen Aussichtsplattform aus einen atemberaubenden Ausblick über die komplette Stadt. Der 217 m hohe Turm wurde damals über 20 Monate hinweg gebaut und ist seit dem Jahre 1956 in Betrieb.

Zudem bietet der Turm ein Panoramacafé mit leckeren Speisen und Getränken an. Im Turm finden außerdem jeden ersten und dritten Montag im Monat Führungen statt, an der jeder teilnehmen kann.

Die Grabkapelle auf dem Württemberg, im Osten der Stadt, ließ König Wilhelm I. als Liebesbeweis für seine verstorbene Ehefrau Katharina erbauen. Das Denkmal wurde von 1820 bis 1824 gebaut und weist eine erstaunliche Architektur auf.

Am Haupteingang wurde eine Inschrift platziert, welche noch einmal zeigt, wie sehr der König seine Frau geliebt hat. Dort steht nämlich „Die Liebe hört nimmer auf". Nicht nur die Kapelle und der Grund für die Erbauung sind atemberaubend, sondern auch die Aussicht, die man von dort aus hat. So kann man zum einen auf die Stadt schauen und andererseits auf das Waldstück an dem Park „Egelseer Heide".

Das „Neue Schloss" ist ebenfalls sehenswert. Es

steht im Zentrum der Stadt und besitzt einen dazugehörigen Schlosspark. Dieses Schloss ließ der Herzog Carl Eugen von Württemberg erbauen. Der Bau dauerte fast 20 Jahre. 1762 brannte ein Teil des Schlosses ab, sodass der Herzog das Schloss nach dem Wiederaufbau anschließend sogar ausbauen ließ.

Im Zweiten Weltkrieg erlitt das Schloss seinen nächsten Tiefpunkt. Während des Krieges wurde das Schloss nämlich zerstört. Von 1958 bis 1964 fanden dann auch aufgrund seiner Lage und historischen Bedeutung die Wiederaufbauarbeiten statt. Heutzutage wird das Schloss hauptsächlich von der Landesregierung für Empfänge, sprich hohen Besuch aus anderen Ländern oder Regionen, genutzt. Führungen werden hier leider sehr selten gemacht. Aufgrund des Eigentums der Stadt Stuttgart kommt es höchstens zu seltenen Sonderführungen. Regelmäßige Öffnungszeiten gibt es leider auch nicht. Hübsch anzusehen ist es von außerhalb, mit seiner Parkanlage und den Springbrunnen, aber trotzdem.

Eine klassische Sehenswürdigkeit der Stadt ist zudem das Rathaus Stuttgarts. Es ist nicht nur von außen toll anzusehen, sondern von innen ebenfalls.

Eine Veranstaltung/Ausstellung namens „Kunst im Rathaus" sorgt dafür, dass Sie im 4. Stock des Gebäudes regelmäßig wechselnde Kunst anschauen können. Besonders bekannt ist das Rathaus allerdings für das Glockenspiel. Das Rathaus besitzt nämlich 30 Glocken, die frei hängen und täglich spielen. Somit gehört das Glockenspiel zu den bekanntesten Attraktionen der Großstadt. Wen die Glocken des Rathauses interessieren, der kann auch an einer Führung teilnehmen, die regelmäßig im Glockenturm durchgeführt wird. Für diese Führungen sollten Sie sich dann noch einmal online auf der Seite der Stadt informieren.

Die Ruine Hohenneuffen ist die Ruine einer hochmittelalterlichen Burg, welche um 1100 gebaut wurde. Die Burg wurde von 3 Mauern umschlossen und diente dementsprechend als Schutzort.

Im 16. und 18. Jahrhundert wurde die Burg ausgebaut und vom Verteidigungssystem her modernisiert, damit sie auch weiterhin genutzt werden konnte. Heutzutage wird die Lage der früheren Burg als Hotel und Heiratsort genutzt. Mit Picknick, Ferien genießen, Feiern oder einfach nur einer schönen Aussicht wird zudem auf der Website geworben.

Das Residenzschloss Ludwigsburg liegt im Norden Stuttgarts in der Stadt Ludwigsburg, etwa 12 km von der Innenstadt Stuttgarts entfernt. Es zählt zu den größten noch erhaltenen Barockschlössern in ganz Europa.

Das Schloss besitzt eine Barockgalerie sowie ein Mode- und Keramikmuseum. Dadurch gilt das Schloss auch als eines der größten Kulturzentren in Baden-Württemberg.

Es gibt zudem verschiedenste Sonderführungen zu künstlerischen oder auch historischen Themen. Die Führungen können ebenfalls in traditionellen Gewändern durchgeführt werden, um ein besseres Gefühl für die Zeit zu bekommen.

Abgesehen vom Inneren des Schlosses kann man sich auch die spektakulären Gärten anschauen. Diese sind sehr gepflegt und definitiv einen Besuch wert.

Wenn Sie ein Naturliebhaber sind, wird der nördlich von der Stadt liegende Höhenpark Killenberg Ihnen sehr wahrscheinlich zusagen. Der Park ist eine Art Zoo und ist dementsprechend auch sehr familienfreundlich.

Neben Tieren können Sie zudem viele

Blumenbeete sehen und einen Aussichtsturm sowie eine Bar besuchen. Früher war das Gebiet ein Steinbruch, welcher sich über die Jahre hinweg in eine Landschaft aus Bäumen und Sträuchern entwickelt hat.

An Attraktionen gibt es beispielsweise einen Teich mit Flamingos, eine durch den Park führende Bergbahn, einige Spielplätze für Kinder und weitere Gehege mit Tieren wie Ziegen und Lamas.

Auf dem Gelände gibt es auch einen Jahrmarkt mit vielen kleinen Ständen. Besonders für Kinder gibt es außerdem ein kleines Theater mit einigen Vorstellungen. Dementsprechend ist der Park auch gut für einen Tagesausflug als Familie geeignet.

Ebenfalls für Familien könnte der Zoo Wilhelma interessant sein. Der Zoo hängt mit dem Naturkundemuseum der Stadt zusammen, sodass Sie beide Orte an einem Tag besuchen können.

Der Zoo liegt an der Neckartalstraße und besitzt sogar einen eigenen U-Bahnhof, dementsprechend sind der Zoo und auch das Museum sehr gut zu erreichen.

In dem Zoo leben über 10.000 Tiere aus 1.200 verschiedenen Arten. Der Zoo war bis zum Jahre

1951 ein Botanischer Garten, erst danach kamen auch Tiere dazu.

Dank dieses Umstandes ist der Zoo nun eine interessante Kombination aus einem Botanischen Garten und einem Zoo. Sie können in diesem Zoo dementsprechend sowohl Tiere als auch Pflanzen begutachten.

Das Gegenstück zum Stuttgarter Zoo ist der auf einer Neckarinsel in Esslingen gelegene „Tierpark Nymphaea". Er liegt etwas südlich außerhalb von Stuttgart.

Der Tierpark ist ein kleines ökologisches Paradies mit einer sehr entspannten Atmosphäre. Sowohl Erwachsene als auch Kinder können hier eine Menge erleben.

In dem Tierpark gibt es mehrere Terrarien, Ausstellungen von Aquarien, einen Streichelzoo sowie mehrere Spielplätze für Kinder. In dem Streichelzoo können die Kinder die Tiere auch selber füttern.

Da die Parkplätze begrenzt sind, sollten Sie versuchen, mit öffentlichen Verkehrsmitteln anzureisen. Ein Aufenthalt in dem Tierpark eignet sich auch gut als Tagesausflug.

Ein Ausflug zum Schloss Solitude ist besonders

für Pärchen interessant, da dort eine besonders romantische Atmosphäre herrscht. Das sogenannte „Lustschloss" wurde zwischen 1764 und 1775 gebaut.

Der Auftrag für den Bau des Schlosses kam von einem Herzog namens Carl Eugen. Das Schloss liegt auf einer Anhöhe, wodurch die umliegende Region sehr gut zu überblicken ist.

Damit Sie die Räumlichkeiten im Inneren des Schlosses begutachten können, müssen Sie an einer Führung teilnehmen. Da der Eintrittspreis pro Person nicht höher als 4 € ist, sollte dies aber kein Problem darstellen.

Ein weiterer Hotspot in Stuttgart ist die Stuttgarter Markthalle. In dieser finden Sie alle möglichen regionalen, aber auch internationalen Spezialitäten. Dieser Ort ist wie ein Wochenmarkt, aber in einem großen Gebäude. Die Halle gibt es bereits seit dem 13. Jahrhundert, wobei sie im Jahre 1914 neu erbaut wurde.

Die Stände auf dem Markt bieten Essen wie beispielsweise Obst, Gemüse, Fisch und Fleisch an. Es gibt aber auch Stände, an denen Sie Blumen und Samen kaufen können.

Auch lokale Spezialitäten wie Maultaschen oder Spätzle werden dort verkauft. Die Restaurants in der Halle setzen nämlich besonders auf regionales und traditionelles Essen. Man kann sich also auch gemütlich in ein Restaurant setzen und währenddessen dem Treiben auf dem Markt zuschauen.

In der oberen Etage der Halle gibt es sogar auch noch Kosmetik, Kleidung sowie Möbel zu kaufen. Die Markthalle ist definitiv einen Besuch wert. Lassen Sie sich von den leckeren Speisen und Angeboten überzeugen.

Im Zentrum der Stadt befindet sich die Stiftskirche. Die Kirche gilt als klassische Sehenswürdigkeit. Da sich die Kirche zwischen dem „Neuen Schloss" und der „Markthalle" befindet, können Sie alle drei Sehenswürdigkeiten an einem Tag besichtigen.

Die Kirche wurde bereits im Jahre 1175 gebaut, wobei sie erst kürzlich renoviert wurde. Die Stiftskirche besitzt zwei Türme und klassisch auch eine Orgel, welche für den Gottesdienst verwendet wird.

Wenn Sie sich für die Kirche interessieren, können Sie auch an einer kostenlosen Führung durch die Kirche teilnehmen. In der Führung werden Sie über die Geschichte und die Architektur des Gebäudes informiert.

Zudem bekommen Sie auch Informationen darüber, welchen Nutzen diese Kirche heutzutage hat und welche Veranstaltungen es in Zukunft geben wird. Um die Kirche zu unterstützen, können Sie aber am Ende gerne eine kleine Spende hinterlassen.

Jeden Samstag ist zudem ein kleiner Markt auf dem Platz vor der Kirche. Auf diesem können Sie regionalen Honig sowie Marmelade kaufen.

Besonders am Wochenende gestaltet sich der Besuch der Kirche allerdings als schwierig, da es dann aufgrund des Gottesdienstes sehr voll ist. Dennoch ist ein Besuch unter der Woche nur zu empfehlen.

Das Carl-Zeiss-Planetarium ist eine weitere einmalige Erfahrung, bei der Sie sich viel Wissen aneignen können. Es liegt mitten in Stuttgart. Um ganz genau zu sein, liegt es in der Willy-Brandt-Straße, welche sich ganz in der Nähe der Konrad-Adenauer-Straße und damit auch in der Nähe der Staatsgalerie befindet.

Das Planetarium eröffnete im Jahre 1977 das erste Mal seine Pforten. Das Gebäude ist voller moderner Technik und dementsprechend sehr interessant für Menschen, die an Technischem interessiert sind.

Es gibt pro Woche um die 20 Vorstellungen, was im Jahr um die 1.300 Vorstellungen sind. Die Vorstellungen sind sehr vielfältig und damit sowohl für Jung als auch Alt geeignet.

Das Planetarium bietet verschiedene Programme und Fachvorträge an, aus denen man sich etwas aussuchen kann. Jährlich zieht das Gebäude um die 130.000 Interessierte an und ist demnach sehr beliebt.

In Stuttgart gibt es auch einen Chinesischen Garten. Dieser liegt nahe der Stadtbibliothek an der Panoramastraße. Die Gärten an diesem Ort wurden eigentlich nur für eine internationale Gartenschau angelegt.

Da die Bevölkerung aber dermaßen begeistert von dem Garten war, fiel kurzerhand die Entscheidung, die Gärten dauerhaft aufrechtzuerhalten.

Der Garten wurde nach original chinesischer Gestaltungsmethodik errichtet. Der Garten soll demnach einen Großteil der Erde repräsentieren. Dies wird symbolisch durch kleinere Objekte veranschaulicht. So sollen die Steinschichten in dem

Garten für Felsen und Bergketten stehen und die kleinen Teiche für das Meer und die Ozeane der Welt. Der Chinesische Garten ist der perfekte Ort für entspannte Spaziergänge zu zweit oder mit der Familie.

Wenn Sie im Frühling oder Herbst nach Stuttgart reisen, sollten Sie „Bad Cannstadt" definitiv einen Besuch abstatten. „Bad Cannstadt" ist ein im Norden liegender Stadtteil von Stuttgart.

Der Stadtteil ist besonders für zwei Dinge bekannt. Zum einen für die Cannstatter Wasen, welche eine kleinere Version des Münchener Oktoberfestes sind.

Die Cannstatter Wasen werden seit dem Jahre 1818 jährlich gefeiert. Das Fest geht zwei Wochen lang von Ende September bis Anfang Oktober.

Während des Festes gibt es reichlich Attraktionen. Es werden Achterbahnen und andere Fahrgeschäfte aufgebaut, Familienprogramme und reichlich Bier sind zudem auch ein Teil von dem Fest.

Man kann grob sagen, dass die Stimmung in dem Stadtteil zu dieser Zeit auf ihrem Höhepunkt ist, immerhin kommen jährlich um die 4 Millionen Besucher, um an dem Fest teilzunehmen.

Das Gegenstück zu dem Fest im Herbst ist das Frühlingsfest. Dieses geht ganze drei Wochen am Ende vom Monat April. Das Fest ist sehr ähnlich zu den Wasen, aber es ist deutlich kleiner und es kommen weniger Menschen in den Stadtteil. Trotzdem ist es nicht weniger sehenswert. Der Bierausschank ist hier allerdings geringer, was dieses Event wiederum attraktiver für Familien macht.

Die Karlshöhe ist ein öffentlicher Park mit vielen Spiel- und Sportplätzen. Der Park liegt im Südwesten Stuttgarts auf einem Hügel mit einer tollen Aussicht.

Besonders im Sommer ist dies ein schöner Ort, um die Aussicht und das gute Wetter zu genießen. In dem Park gibt es einen dazugehörigen Biergarten, in dem man sich ein Erfrischungsgetränk holen kann. Viele Jogger laufen hier täglich ihre Kilometer ab und es gibt dauerhaft Menschen, die hier einen gemütlichen Spaziergang machen. Trotz der vielen Parknutzer bekommt man beim Durchschlendern ein Gefühl von Ruhe.

Ein weiterer Hotspot ist der „Sensapolis" Freizeitpark. Da es ein Freizeitpark ist, bietet es sich sehr an, als Familie mit Kindern dorthin zu fahren.

Der Park besitzt eine Gesamtfläche von 10.000

Quadratmetern. Es handelt sich hierbei sogar um den größten Indoor-Freizeitpark in ganz Deutschland. Der Park befindet sich allerdings rund 20 Kilometer außerhalb der Stadt in der südlich liegenden Kreisstadt Böblingen.

Es gibt einen Hochseilgarten auf einem Piratenschiff und eine Kartbahn. Zudem gibt es die beiden Themenbereiche Weltall und Märchenschloss, um noch mehr Abwechslung zu bieten.

Damit die Kinder auch einen gewissen Mehrwert aus dem Tag mitnehmen, gibt es ein Wissenscenter, in dem den Kindern spielerisch Wissen beigebracht wird.

In dem Indoor-Park muss auch niemand verhungern. Es gibt einen großen Gastronomiebereich mit einer großen Auswahl an Getränken und Gerichten. Die Preise sind dafür, entsprechend eines Freizeitparkniveaus, relativ hoch.

Der Park bietet Spaß für die ganze Familie, sowohl die Kinder als auch die Eltern kommen auf ihre Kosten. Zudem ist die Anfahrt zum Park super einfach und es gibt genügend Parkplätze.

Das „Haus des Waldes" ist ein kleiner Erlebnispark im Süden der Stadt im Silberwald, bestehend aus einem großen Haus und dem umliegenden Wald. In dem Park kann die ganze Familie den Wald mit allen Sinnen und auf eine ganz neue Weise kennenlernen.

Im Hauptgebäude des Parks befindet sich die Ausstellung „StadtWaldWelt". Die Ausstellung ist sowohl für Kinder als auch für Erwachsene geeignet.

Außerhalb des Gebäudes gibt es einen Waldweg, auf dem man viel über den Wald lernen kann. An fünf verschiedenen Stationen gibt es Rätsel und Informationen.

Das ganze Programm ist sehr unterhaltend gestaltet und kann von jedem Besucher genutzt werden. Wenn Sie wirklich Interesse an dem Erlebnispark haben, wäre es sinnvoll, wenn Sie sich, bevor Sie sich für einen Tag entscheiden, über die anstehenden Veranstaltungen informieren. Denn es gibt öfters Veranstaltungen, sowohl für Kinder als auch Erwachsene.

Für die Architekturliebhaber gibt es eine weitere Sehenswürdigkeit. Die Stadtbibliothek in Stuttgart hat ein einmaliges literarisches Angebot sowie auch eine sehr außergewöhnliche Architektur.

Die Bibliothek wurde von dem Architekten Eun

Youngi Yi erschaffen. Er machte aus der Bibliothek einen modernen, weißen Kubus. Durch dieses weiße Design wirkt die Einrichtung hochmodern. In der Nacht wird das Gebäude dann blau angestrahlt und zieht damit die volle Aufmerksamkeit auf sich. Zu empfehlen ist in diesem Gebäude besonders der Aufzug nach oben. Man kann durch diesen nämlich sowohl die Inneneinrichtung genießen als auch den Blick von der Dachterrasse, wenn Sie ganz oben angekommen sind. Von dort können Sie dann über die ganze Stadt blicken.

Küche und Unterkünfte

DIE BESTEN RESTAURANTS

Wie in den allermeisten Großstädten Deutschlands gibt es eine breite Vielfalt, wenn es zu den Speisen kommt. So ist es auch in Stuttgart. Egal, nach was Sie suchen, hier finden Sie es. Von gut bürgerlicher Küche über italienisch, asiatisch, griechisch usw. bis zum einfachen Döner finden Sie alles. Ich selbst testete natürlich so einiges während meines Aufenthaltes und versuche hier nun, einmal die besten Erfahrungen zusammenzufassen. Dabei gehe ich auf die Standardkategorien ein: Die gut bürgerliche Küche mit regionalen Speisen, dem vielfältigen asiatischen Essen, der italienischen Küche und die besten Läden für das Frühstück oder den Brunch. Natürlich werde ich nicht nur bereits getestete Restaurants aufzählen, sondern auch solche, die mir von meinem Hotel oder anderen Informationsquellen empfohlen wurden. Viele der aufgelisteten Lokale haben einen stadtweit guten Ruf, sodass die allermeisten Einwohner diese bereits kennen.

Beginnen würde ich gerne mit dem Frühstück und Brunch. Ein guter Start in den Tag beginnt mit einem leckeren Frühstück. Für Menschen, die gerne vegan oder vegetarisch essen, wird „Super Jami" auf jeden Fall etwas sein. Gelegen an der Bopserstraße verkauft das kleine Restaurant neben Mittag und Abendessen auch tägliches Frühstück. Natürlich zu 100 % vegan und auf jeden Fall gesund.

Online kann man sich bereits auf der Website mit der Speisekarte vertraut machen, um zu sehen, ob für einen etwas dabei ist. Das zwanglose Ambiente bietet dabei auch Essen to go an, natürlich kann man sich aber auch dort hinsetzen und sein Essen genießen.

Für mich war es eine einmalige Erfahrung mit sehr netter Bedienung und einer tollen, entspannten Atmosphäre. Ich würde hier beinahe schon von einem Geheimtipp reden.

Die „Matteo Mischitelli Cafeteria" ist ebenfalls ein kleines Café an der Weißenburgstraße nahe der U-Bahn-Station Österreichischer Platz. Es bietet eigentlich Speisen aus der italienischen Küche an, öffnet allerdings jeden Samstag von 10 – 14 Uhr für einen Frühstücksbrunch mit leckeren Sandwichs und Rührei. Dabei gibt es eine riesige Auswahl an Speisen zu einem vergleichsweise günstigen Preis. Auch dieses Lokal ist eher unbekannt und war für mich ein Underdog der Lokale Stuttgarts, daher wollte ich dieses hier unbedingt erwähnen.

Kommen wir nun zur traditionell gut bürgerlichen Küche. „Der goldene Adler" liegt an der Böheimstraße nahe des Marienhospitals im Stadtzentrum. Sie können sich hier auf die feinste bürgerliche Küche mit deftigem Essen und auf höchstem Niveau freuen. Ich für meinen Teil aß hier die typischen Spätzle mit allerlei Gemüse und war sehr angetan. Auch leckere Desserts wie Kokos-Panna cotta oder ein neuartiges Erdbeersüppchen werden hier serviert. Beides sehr empfehlenswert. Das Ambiente ist sehr modern und gibt dabei gleichzeitig ein gemütliches Flair ab. Die Preise sind relativ hoch, ich finde aber, das ist aufgrund des Essens gerechtfertigt und lohnt sich.

Der „Platzhirsch" ist ein ebenfalls beliebtes Restaurant in der Stadt. Nahe der U-Bahn-Station Rathaus in der Stadtmitte ist das Lokal in der Geißstraße zu finden. Auch hier kann man eine typisch schwäbische Küche mit Speisen aus der Region erwarten. Neben diesen werden allerdings noch weitere Speisen aus aller Welt angeboten, was dadurch die Vielfalt enorm erweitert und es teilweise sogar schwierig sein kann, sich hier zu entscheiden. Empfehlen kann ich allerdings die schwäbische Küche des Lokals. Vom Stil her hat dieses Restaurant etwas von einer Kneipe. Sehr rustikal und mit sehr viel Holz erzeugt es eine gemütliche Stimmung. Wer nichts gegen einen Hirschkopf hat, der an der Wand hängt, der wird sich hier sehr wohlfühlen. Das Restaurant gehört zu den wenigen der Stadt, welche bis Mitternacht geöffnet haben, ein später Besuch ist also auch noch möglich. Ich hatte einen sehr netten Kellner, der sehr zuvorkommend war und die Preise

der Speisen waren ebenfalls dem Preis-Leistungs-
verhältnis angemessen.

Ein weiteres, letztes bürgerliche Lokal, welches
ich empfehlen möchte, ist das „Stuttgart Stäffele", in
einem Weinkeller in der Buschlestraße nahe der
großen Augustenstraße im Südwesten der Stadt gelegen. Auch hier erwarten Sie regionale Speisen wie
Maultaschen und Spätzle zu einem Top Preis. Den
Weinkeller haben die Eigentümer gemütlich herge-
richtet. Auf Dauer wird die Luft allerdings etwas sti-
ckig. Natürlich dürfen bei einem Weinkeller nicht die
Weine fehlen. Diese werden hier zur Genüge ausge-
schenkt. Diese drei Lokale kann ich Ihnen wärmsten
ans Herz legen. Alle drei bieten eine Top Auswahl an
regionalen Speisen, die Preise sind dabei allerdings
etwas höher, als der ein oder andere für einen Res-
taurantbesuch ausgeben möchte.

Nun stelle ich Ihnen das wohl beliebteste Essen
Europas vor. Die italienische Küche. Selbstverständ-
lich gibt es auch in Stuttgart einige Lokale mit solch
einem Angebot und ich kann zu meinem Bedauern
sagen, dass ich bei weitem natürlich nicht alle testen
konnte. Beginnen werde ich mit dem „Goldoni". Ein
klassisches italienisches Restaurant an der

Hauptstraße Reinsburgstraße. In diesem stilvoll ein- gerichteten italienischen Restaurant mit Kronleuch- tern werden hauptsächlich italienische Klassiker wie Pizza und Pasta serviert. Die Einrichtung wirkt aufgrund des Altbaus etwas rustikal, gleichzeitig aber auch sehr hochwertig aufgrund der gefliesten Wände und den Kronleuchtern. Die Bedienung und das Essen waren sehr gut und ich kann Ihnen einen Besuch in diesem Lokal nur ans Herz legen. Ich musste nicht lange auf mein Essen warten, was ein weiteres großes Plus ist.

„L.A Signorina" ist das zweite Lokal, genauer ge- sagt eine Pizzeria. Sie liegt am Marienplatz im Süden der Großstadt. Hier wird ausschließlich Pizza ser- viert. Einige Salate sind ebenfalls noch möglich. Die Speisekarte ist demnach sehr überschaubar, die Piz- zen werden allerdings in einem originalen Steinofen zubereitet. Dass sich der Laden auf Pizza speziali- siert hat, merkt man dann beim Essen der Pizza. Die Einrichtung ist relativ schlicht und aus Holz. Die Preise sind relativ gering und gleichen eher denen eines Imbissladens. Also sehr empfehlenswert für Menschen, die gerne gut essen und wenig Geld aus- geben möchten.

Die dritte und letzte Einrichtung in der Kategorie „italienisches Essen" ist das „Ristorante Mezzogiorno". Gelegen nahe der Stuttgarter Universität zieht dieses Restaurant viele Studenten und Professoren an. Sehr modern eingerichtet ist dieses Ambiente ebenfalls. Da das Lokal an einem Park liegt, gibt es hier eine große Terrasse und einen Weingarten, der im Sommer immer sehr gut besucht ist und sehr zu empfehlen ist. Aber auch zu anderen Jahreszeiten kann man hier natürlich gut speisen.

Die asiatische Küche ist in Stuttgart auch sehr gut vertreten. Von chinesischem Essen über Indisch bis hin zum Vietnamesen findet man hier alles. Das „Cuisine of Asia", abgekürzt auf dem Lokalschild als „coa", bietet hier thailändische, vietnamesische und indische Küche an. Demnach ist die Auswahl auch sehr groß. Es gibt viele Wok-Gerichte oder Currys, die zum Teil sehr scharf sind. Auch das sehr begehrte Fingerfood in Form von Frühlingsrollen ist es auf jeden Fall wert, auszuprobieren. Die Bedienungen waren sehr locker und hatten immer etwas für einen Witz übrig. Das Restaurant liegt an der Lautenschlagerstraße in der Nähe des Schlossgartens, einige Nebenstraßen entfernt im Stadtzentrum, und ist demnach stets gut besucht. Die Einrichtung ist sehr gemütlich und typisch asiatisch eingerichtet.

Ein ebenfalls gutes vietnamesisches Restaurant namens „Luc Lac" hat erst kürzlich seine Türen geöffnet. Besonders beliebt sind seit dem Beginn der Eröffnung die vietnamesischen Sommerrollen. Gelegen an der Neckarstraße am Schlossgarten ist das Lokal gut erreichbar. Für Menschen, die gerne pikant essen, dem wird dieses Restaurant auf jeden Fall zusagen.

Gelegen in der berühmten Königsstraße ist das Lokal „China Garden", ein chinesisches Restaurant, welches ebenfalls im Herzen der Stadt liegt. Mit traditioneller Wandbemalung nach chinesischer Art kommt eine typische Atmosphäre auf. Für einen Besuch müssen Sie allerdings vorher einen Tisch reservieren. Sie bekommen hier alles, was das Herz an chinesischem Essen begehrt. Typische gebratene Nudeln, gebackene Ananas oder Banane oder auch Sushi. Dabei ist das Essen sehr schnell auf dem Tisch. An bestimmten Tagen gibt es auch ein Buffet mit riesiger Auswahl.

Als letztes Lokal möchte ich gerne noch etwas für einen Abend zu zweit empfehlen. Das „Amadeus" am Charlottenplatz ist der perfekte Ort für einen romantischen Abend zu zweit. Eine gemütliche Einrichtung mit viel Kerzenlicht erzeugt zusätzlich Stimmung. Das Essen ist dabei etwas teurer, die Longdrinks des Lokals haben allerdings einen sehr guten Ruf und sollten auf jeden Fall ausgetestet werden.

DIE BESTEN HOTELS

Die Hotelvielfalt in Stuttgart ist enorm. Es gibt so viele Unterkünfte in und um Stuttgart. Ich stelle Ihnen nur einige wenige vor, die ich selbst ausgetestet habe oder die mir empfohlen wurden. Dabei unterscheide ich zwischen Luxus-Hotels und billigeren Angeboten für ein paar Nächte. Beginnen möchte ich mit dem „Waldhotel Stuttgart". Es liegt, wie der Name schon sagt, an einem Waldstück im Süden der Stadt. Es ist ein 4-Sterne-Hotel und hat eine gute Anbindung mit der U-Bahn, welche nahe dem Hotel eine Station namens „Waldau" hat. Eine Nacht kann hier schon einmal über 140 € kosten. Es ist allerdings ein sehr gepflegtes Hotel, in dem man sich wohlfühlen kann. Durch das anliegende Waldstück gibt es viel Ruhe und keinen Stadtlärm. Das Hotel ist zudem von einer sehr hübsch anzusehenden und gepflegten Gartenanlage mit allerlei Pflanzenarten umgeben. Das Hotel an sich hat nur 94 Zimmer und ist daher nicht besonders groß, was allerdings meiner Ansicht nach eher positiv ist. Das Hotel besitzt ein eigenes Restaurant, eine Bar für entspannte Abende, ein Fitnessstudio für Sportfans und eine Sauna. Auch ein Ausblick Richtung Stadt ist möglich, bei der Sie den Stuttgarter Fernsehturm sehen können.

Das „Althoff Hotel" ist ein Hotel, welches im Gegensatz zum „Waldhotel" sehr zentral liegt. Direkt neben dem Opernhaus an der Schillerstraße ist es zu finden. Es ist ein 5-Sterne-Hotel und dabei auch noch eines der ältesten der gesamten Stadt. Viele prominente Menschen aus der Umgebung sind hier Stammgäste. So ein 5-Sterne-Hotel hat auch sehr viel zu bieten. So besitzt dieses Hotel einen eigenen Weingarten, ein eigenes Restaurant sowie eine Lounge mit einer großen Bar und vielen Cocktails. Eine Nacht kann hier ab 180 € gebucht werden. Da es sehr im Zentrum gelegen ist, ist dort ständig etwas los, manche Zimmer besitzen einen Ausblick auf den Schlosspark. Der Empfang ist sehr vorbildlich und zuvorkommend und das Personal im Allgemeinen sehr professionell und hilfsbereit.

Das „Arcotel Camino" ist das dritte Luxus-Hotel, welches ich Ihnen vorstellen möchte. Es liegt an der Heilbronner Straße und überzeugt mit einer einzigartigen Zimmereinrichtung. Diese ist nämlich sehr modern gestaltet und großzügig eingerichtet. Mit riesigen Bädern und großen, bequemen Betten. Das Hotel besitzt eine eigene Bar sowie einen Wellness- und Fitnessbereich. Das Hotel liegt ebenfalls sehr zentral in einem Geschäftsviertel.

Kommen wir nun zu den Hotels, welche etwas preiswerter sind. Das „Hotel Zuckerfabrik" liegt im Norden der Stadt. Es handelt sich hierbei um ein 3-Sterne-Hotel. Im Stadtbezirk Bad Cannstatt ist es aufgrund der Festivitäten optimal zur Frühlings- oder Herbstzeit. Das Hotel bietet ein Frühstücksbuffet an und ist auch nur 5 km von dem Porsche und Mercedes-Benz Museum entfernt. Aufgrund der gemütlichen ruhigen Altstadt drumherum ist es perfekt geeignet für Pärchen.

Das „Brita-Hotel" ist ein weiteres preiswertes Hotel, welches zwar sehr klein, aber familiär ist. Es ist ein privat geführtes 3-Sterne-Hotel einer Familie und sehr liebevoll eingerichtet. Es liegt in Stuttgart-Obertürkheim und hat optimale Anbindungen sowohl durch die A81 in der Nähe als auch durch die S-Bahn und gut zu Fuß ist es auch zu erreichen. Überraschenderweise gibt es hier den Lärm von der Autobahn nicht, sodass es sehr ruhig ist. Das Hotel liegt zudem an den Weinbergen Stuttgarts und bietet eine tolle Sicht auf diese. Hinter dem Hotel gibt es zudem einen Weinwanderweg, welcher in die Berge führt. So kann man direkt von dem Hotel aus eine schöne Wanderung machen. Das Personal beziehungsweise die Eigentümerfamilie ist sehr freundlich und immer ansprechbar bei Fragen oder Problemen.

Das „Hotel Körschtal" liegt in Möhring, einem Vorort der Großstadt. Zu Fuß kann man von diesem Hotel aus in das Zentrum laufen, wo es Kinos, Theater und viele Shoppingmöglichkeiten gibt. Auch der Flughafen ist nur 5 km entfernt, so kann man bei einer Anreise mit dem Flugzeug bequem mit einem Bus zu dem Hotel fahren. Das Hotel besitzt drei Etagen und hat 3 Sterne. Ich fand dort besonders das

Frühstück und Abendessen sehr gut. Das Personal hatte bei einem Problem mit meinem Zimmer direkt darauf reagiert und das Problem beseitigt. Der Service ist auch hier sehr gut.

Anreise und Aufenthalt

ANBINDUNGEN UND ERREICHBARKEIT

Stuttgart ist eine sehr große Stadt. Daraus resultieren auch die vielen Anbindungsmöglichkeiten. Wenn man die Stadt mit dem Auto besuchen möchte, so hat man eine super Anbindung über zwei Autobahnen, die A8 und die A81. Des Weiteren gibt es vier Bundesstraßen, die B10, B14, B27 und die B295, die durch Stuttgart führen. Dabei führt die B10 direkt durch das Herz der Stadt und beinhaltet die Konrad-Adenauer-Straße, welche direkt am Schlossgarten entlangführt. Bei der Anfahrt mit dem

Auto müssen Sie allerdings darauf achten, dass Sie kein Fahrzeug mit einer Diesel 4 Plakette haben. Da Stuttgart 2008 mit der Umgebung zu einer Umweltzone erklärt wurde, herrscht seitdem ein Fahrverbot mit einer solchen Plakette. Alternativ zum Auto können Sie auch mit der Deutschen Bahn anreisen. Stuttgart besitzt mehrere Bahnhöfe, unter anderem auch einen Hauptbahnhof. Auch die Anfahrt mit einem Fernbus von FlixBus oder anderen Anbietern ist möglich, da über die Stadt Busbahnhöfe verteilt liegen.

Wie bei jeder Großstadt besitzt Stuttgart natürlich auch einen Flughafen, welcher es Touristen aus anderen Ländern erlaubt, die Stadt zu besichtigen. Der Standort dieses Flughafens ist ungefähr 15 km südlich des Stadtzentrums und mithilfe vieler Buslinien von und nach Stuttgart-Mitte erreichbar. Im 10-Minutentakt fahren hier die Busse täglich in das Stadtzentrum.

Innerhalb der Stadt ist die Infrastruktur sehr gut. Sie erreichen jeden Ort mit Bus oder Bahn und sind auf den Straßen auch gut in einem Auto aufgehoben. Auch Taxis fahren fast überall. Leider kommt es wie bei jeder Großstadt des Öfteren zu Staus, sodass innerhalb der Stadt eine Fortbewegung mit dem Auto eher nicht empfehlenswert ist. Interessant für viele Touristen sollte außerdem der Hafen Stuttgarts sein. Ja, Sie haben richtig gehört! Stuttgart besitzt einen Hafen, welcher nahe des Stadtbezirks Wangen liegt. Die Hafenanlage zählt zu einem der größten Binnenhäfen Deutschlands und ist mit dem südwestlichen deutschen Wasserstraßennetz verbunden. So kann man von dort aus nach Mannheim, Mainz und Koblenz per Schiff fahren. Durch mehrere Schleusen werden dann die Grenzen zwischen den westlichen und südlichen Wasserstraßennetzen gesetzt.

ALLGEMEINE INFORMATIONEN FÜR DEN PERFEKTEN AUFENTHALT

Bei Stadtbesichtigungen ist es immer schwer, sich einen Plan zu machen, welche Sehenswürdigkeiten ich besichtigen möchte? Oder welche Restaurants möchte ich ausprobieren? Das ist bei den allermeisten Stadtbesichtigungen so, bei denen Sie keine Tour gebucht haben. Selbst da wird meist auch das ein oder andere wichtige Gebäude ausgelassen. Vor allem bei Großstädten ist das besonders eindeutig. Es gibt einfach viel zu viel zu sehen! Machen Sie sich daher gleich zu Beginn klar, dass Sie gar nicht alles sehen können. Informieren Sie sich über die Attraktionen bei Ihrem Reisebüro oder anderen Guides, um anschließend festzulegen, welche Orte oder welche Gastronomieangebote Sie besichtigen wollen.

Und was soll man tun, wenn man nur ein paar Tage zu Besuch in solch einer großen Stadt ist? Es gibt ja nicht nur die Stadt an sich, sondern auch das gesamte Umland, welches ebenfalls viele Attraktionen und Sehenswürdigkeiten bietet, die man meist nicht ungesehen lassen möchte, weil man eventuell denkt, man verpasst vieles. Machen Sie sich darüber Gedanken, welche Sehenswürdigkeiten Sie gerne entdecken und erkunden möchten.

Falls viele Ihrer Ziele im Umland liegen, empfiehlt es sich, für die Dauer Ihres Aufenthalts einen Mietwagen anzuschaffen. Die Infrastruktur und die damit verbundenen öffentlichen Verkehrsmittel sind zwar sehr gut, allerdings hauptsächlich nur in der Stadt. Das bedeutet wiederum, dass Busse oder Züge die meisten Sehenswürdigkeiten im Umland, also außerhalb der Stadt, kaum erreichen oder nur ein- bis zweimal täglich abfahren. In die Stadt können Sie zwar auch mit dem Mietauto fahren, der Verkehr ist hier allerdings meistens chaotisch und von der Parkplatzsuche wollen wir gar nicht erst anfangen. In der Stadt bietet sich dann ein Taxi oder der öffentliche Busverkehr eher an. Besonders die Preise für eine Busfahrt sind hier auch nicht sehr hoch, sodass Sie dabei auch noch Geld sparen, welches Sie ansonsten für den Tank Ihres Mietwagens zahlen müssten.

Wer gerne Action hat und einen Erkundungsurlaub macht, anstatt nur entspannt durch die Straßen zu schlendern, sollte sich an die Konrad-Adenauer-Straße halten. Hier ist immer etwas los. Zentral gelegen bietet die Straße natürlich viele Kulturangebote wie die Staatsgalerie oder das Theaterhaus, aber auch die Möglichkeit, den Schlossgarten zu besuchen.

Wer außerdem gerne auf Shoppingtour geht, sollte des Weiteren die Königsstraße ablaufen. Dort erwarten Sie viele Restaurants, ein Kino und viele Einkaufsläden. Sie ist die längste Einkaufsstraße der Stadt und dabei läuft man sogar am Schlossplatz der

Stadt vorbei. Super stressfrei ist außerdem, dass dort keine Autos fahren. Neben vielen Markenläden und teuren Restaurants gibt es hier auch preiswerte Einkaufsmöglichkeiten.

In Stuttgart wird Ihnen schnell auffallen, dass es teils sehr steil ist. So kommt man beim Laufen manchmal sogar ins Schwitzen. Achten Sie darauf, dass Sie gut zu Fuß sind, sonst kann ein Spaziergang schnell mal sehr anstrengend werden.

Eine Packliste für einen Städtetrip in Stuttgart kann ich Ihnen nicht empfehlen. Sie sollten lediglich auf die Jahreszeit achten, in der Sie die Stadt besuchen. Im Sommer erreichen die Temperaturen meist einen Höchstwert von 40 °C. Kurze Hosen sollten daher immer dabei sein. Die Winter sind im Gegensatz dazu allerdings nicht allzu kalt. Bei Niedrigtemperaturen um die 0 °C reicht hier meistens eine Winterjacke und eventuell ein Schal.

Meine Empfehlung für den Zeitpunkt Ihres Besuches wäre entweder im Frühling oder im Winter. Da im Sommer immer sehr viel los ist und die Eisdielen und Schwimmbäder immer überfüllt sind, ist es im Winter, besonders bei Schneefall, in der Stadt traumhaft schön.

Viele Reiseunternehmen empfehlen ebenfalls einen Reisezeitpunkt, welcher nicht in den Sommermonaten liegt.

Der Frühling ist aufgrund der Vielzahl wachsender Pflanzen in den Parks und in den Botanischen Gärten ebenfalls wunderschön, besonders im Zoo. Zu meinem Besuch war es gerade Vorweihnachtszeit, sodass bei Schneefall alle Straßen und Laternen weihnachtlich geschmückt waren, ein wunderbarer Anblick.

Im Endeffekt ist es natürlich Ihre Sache, für wann Sie Ihren Besuch planen wollen. Zudem hat natürlich jede Jahreszeit ihre Vorteile.

Geheimtipps

Auf meinem Städtetrip in Stuttgart habe ich so einiges gesehen, das für Sie nicht unentdeckt bleiben soll. Meist sind diese Orte oder Informationen für Reiseunternehmen oder Hotelinformationen nicht besonders relevant, haben mir jedoch meinen Aufenthalt versüßt.

Beginnen möchte ich mit einem traumhaft schönen Hotel, welches ich für zwei Nächte austesten konnte. Das „Hotel Royal" liegt mit einer überraschend ruhigen Lage im Zentrum Stuttgarts an der Paulinenstraße, unweit vom Schlosspark entfernt. Ich schätze, diese ungewohnt ruhige Lage resultiert auf der Platzierung des Gebäudes. Etwas eingerückt steht dieses nämlich an der Straße und gibt den Gästen in ihren Zimmern die nötige Ruhe. Was mich so überraschte, sind die Zimmer an sich. Großzügig eingerichtet und mit großen, bequemen Betten und Flachbildfernseher lässt es sich auch an Abenden innerhalb des Hotels gutgehen. Auch das Personal des 4-Sterne-Hotels war stets sehr freundlich und zuvorkommend zu mir. Besonders geeignet ist das Hotel außerdem für Firmentreffen und Familienfeiern, da es große Seminarräume gibt, die vermietet werden können. Wunderbares Essen wird dreimal am Tag serviert und dabei gibt es sogar verschiedene Mittagsmenüs, aus denen man selbst wählen kann.

Zurück zu der „Ruine Hohenneuffen", bei welcher man eine Unterkunft für einige Tage finden kann oder sogar seine eigene Hochzeit organisieren kann. Viele Besucher wissen allerdings nichts von der Panoramaplattform ganz oben auf einem Turm. Dort hat man nämlich einen grandiosen 360 Grad Ausblick auf die Stadt und das Umland. So sieht man zum Beispiel das Neckertal und den Schwarzwald.

Ein kleiner Berghof namens „Rabel" gilt dort ebenfalls als Geheimtipp, bei dem man kleine

Mitbringsel für Familie und Freunde kaufen kann. Besonders begehrt sind dabei Lebensmittel wie Marmeladen und Honig aus der Region rund um Stuttgart. Aber auch viele Weine der Region werden hier zu stattlichen Preisen verkauft.

Ein weiterer Geheimtipp gilt einem ebenfalls erwähnten Schloss. Das Schloss Solitude bietet nämlich neben den Führungen innerhalb des Gebäudes auch die Möglichkeit, die Schlosskuppel zu besuchen. Sie sollten diese Gelegenheit auf jeden Fall ergreifen. Denn nicht nur eine tolle Aussicht können Sie von dort oben aus genießen, sondern auch die Architektur der Kuppel an sich. Immerhin bietet diese Kuppel neben dem Fernsehturm Stuttgarts die beste Sicht auf die Stadt.

Wenn es zum Thema Essen kommt, gibt es ebenfalls einige Tipps, die Sie eventuell gebrauchen können. Wer eine Schwäche für Gebäck hat, der kommt bei dem Café, Bar oder auch Deli „Celebre" auf seine Kosten. Der Betrieb hat fast zu jeder Tageszeit geöffnet und wird von den Einwohnern liebevoll als „Fressgasse" bezeichnet. Zu finden ist „Celebre" in der Schulstraße 7 im Zentrum der Stadt. Neben vielen leckeren Gebäckstücken, die selbst hergestellt werden, gibt es zudem Kaffee aus eigener Produktion. So kann man den Tag hier wunderbar starten. Auch zum Lunch lädt der kleine Laden ein. Es gibt Pizza, Dolcetta, eine süße Variante der Pizza und eine große Auswahl an Sandwiches. Wer Stuttgart besucht, muss mindestens einmal hier vorbeischauen. Am beliebtesten sind allerdings die Croissants, gefüllt mit Pudding und mit Puderzucker bestäubt.

Unterschätzt wird zudem der kleine gesunde Fastfood-Laden „Lala Healthy Livin". Unter dem Motto gesundes Fastfood werden hier vitaminreiche Smoothies und leckere Bowls serviert. Sehr empfehlenswert für jeden und dazu sogar noch preiswert. In der Sophienstraße 21 zu finden, hat der Laden täglich von 8 Uhr – 20 Uhr geöffnet. Ein Geheimtipp für eine Bar fällt mir ebenfalls sehr leicht. Das „Lennart" ist das optimale Ziel nach einem Tagesausflug für einen Absacker. Es gibt eine breite Auswahl an Cocktails. Die Bar liegt an der Tübinger Straße in der Nähe des Marienplatzes. Das Besondere neben den leckeren Cocktails ist die einzigartige Einrichtung. Nach einem industriellen Flair eingerichtet und mit einem langen Bartisch, aus dunklen Holzplanken, bekommt die ganze Einrichtung einen rustikalen Touch. Bestellen sollte man hier einen Cocktail-Klassiker, welcher mit speziellen zusätzlichen Zutaten verfeinert wird, um ein ganz besonderes Aroma zu erlangen. Einzigartig in ganz Stuttgart!

Unterschätzt wird zudem ein Freizeitangebot in Stuttgart-Zuffenhausen. Dort befindet sich nämlich eine große Kletterhalle. Zukünftig unter dem Namen „rockig" zu finden, bietet die Halle für jeden etwas. Ob Einsteiger, Hobbykletterer oder Profis, es gibt verschiedene Schwierigkeitsgrade und Parcours. Ein Ausflug als Familie mit Kindern ist hier perfekt geeignet. Für Kinder ist es ein tolles Erlebnis.

Ein weiterer Geheimort ist die Johanneskirche am Feuersee. Unbekannt ist diese allerdings nicht. Im 19. Jahrhundert wurde sie vom Architekten Christian Friedrich von Leins konstruiert und erbaut. Sie galt als Stuttgarts erste Kirche nach der Reformation und war daher anfangs sehr beliebt. Die Kirche hatte ursprünglich einen Aussichtsturm, welcher 66 m hoch war. Dieser wurde allerdings bei Bombenangriffen während des Zweiten Weltkriegs zerstört. Bei dem Wiederaufbau fehlten zuerst die finanziellen Mittel, um das Gewölbe und die

Turmspitze erneut zu bauen. Heute gilt der Turm als Zeichen oder Mahnmal gegen den Krieg. Der eigentliche Grund für diesen Geheimtipp sind die vielen Sitzmöglichkeiten auf den Treppen zum Ufer des Sees. Im Westen der Großstadt kann man sich hier mit etwas zu Essen oder einem guten Buch an das Wasser setzen und hat so einen tollen Ausblick auf die Kirche. Im Feuersee selbst gibt es einen kleinen Springbrunnen, der dem Ganzen eine idyllische Atmosphäre verleiht. Ein Geheimort ist es daher, da ich während meiner vier Besuche an diesem Ort kaum eine Menschenseele gesehen habe.

Ebenfalls interessant sollte eine Führung durch das Bohnenviertel sein. Vor allem wenn man ständig auf eigene Faust alles erkundet, so kann es doch auch mal schön sein, sich von einem Experten der Stadt etwas zeigen zu lassen. Viele Touren durch dieses Viertel sind sehr spannend und informativ gestaltet. Allein die Hintergründe zum Namen „Bohnenviertel" sind sehr interessant. Viele Orte, die geheim geblieben wären, entdecken Sie auf einer Sightseeingtour durch das Stuttgarter Stadtquartier Bohnenviertel. Eine solche Führung dauert meist 1 ½ Stunden und danach werden Sie die Gassen und Straßen dieses

Viertels mit Sicherheit in einem anderen Licht sehen. Im Zuge dieser Rundführung sollten Sie anschließend die vielen Läden des Bohnenviertels erkunden. Ein tolles Café namens „Hüftengold" sollte dabei ein Zwischenstopp für ein leckeres Stück Kuchen sein oder am Morgen für ein wunderbares Frühstück. „Galerie Pixxl" bietet eine kleine Ausstellung an Fotokunst, bei der Sie kleine Postkarten, Mitbringsel oder Souvenirs kaufen können.

Das bereits erwähnte „Super Jami", bei den besten Restaurants der Stadt, liegt im Heusteigviertel. Dieses Viertel ist quasi das Gegenstück zum Bohnenviertel und überzeugt mit einem Baustil der Gründerzeit, wodurch alles viel edler wirkt. Im Süden der Stadt liegt dieses Viertel mit vielen Cafés und interessanten Geschäften. Da dieses früher vor den Stadttoren lag, gab es und gibt es an fast jeder Ecke einen Laden, der die Menschen versorgt. Ebenfalls sehr interessant wäre es, dort eine Führung zu bekommen. Dieses Viertel bietet auch viele tolle Läden wie das „Studioque", ein kleiner Stöberladen. Teeliebhaber werden im „English Tea Room" mit 80 Teesorten aus der ganzen Welt versorgt.

Wer etwas mehr Zeit für Stuttgart mitbringt, der sollte einen Ausflug zu den Felsengärten machen. Etwa 45 Minuten Autofahrt nach Norden liegen diese Felsengärten von Hessigheim von Stuttgart entfernt. Dabei können Sie in den Gärten selbst auf Erkundungstour gehen oder bei einer sogenannten Planwagenfahrt gesellig die Gärten erkunden. Wer Wein liebt, kommt hier auch auf seine Kosten. In der Felsengartenkellerei gibt es viel über den Wein zu entdecken. Die Felsengärten sind perfekt für Aktivitäten geeignet. Ob Sie wandern, spazieren oder klettern möchten, dies können Sie alles hier machen. Die Felsengärten stehen für die Aktivitäten in der Natur und die Eigentümer freuen sich immer, spazierende oder wanderende Besucher zu empfangen. Zwischen den Weingärten haben Sie eine tolle Aussicht auf das Umland. Natürlich können Sie hier auch einige Weinproben testen und so den Tag ausklingen lassen.

Ich hatte letztendlich doch noch die Möglichkeit, mit einigen Stuttgartern zu reden und diese zu fragen, welche Orte, also Cafés, Restaurant usw., sie empfehlen können. Testen konnte ich die Tipps der Stuttgarter allerdings nicht mehr. Die meisten Einwohner waren von einem Café namens „Poffers

Café" überzeugt. Es liegt im Stadtzentrum an der Urbanstraße und serviert Poffertjes. Ich selbst weiß nicht, was das ist, es klingt aber sehr gut und da so gut wie alle Befragten davon schwärmten, ist dieses Café bestimmt einen Besuch wert.

Des Weiteren gibt es ein Lokal, welches sich auf Maultaschen, eine der regionalen Speisen, konzentriert. „Tante Lenes Mautltaschen" serviert Maultaschen in extravaganten Kreationen mit Kartoffelsalat. Im Süden der Stadt an der Esslinger Straße ist dieses Lokal zu finden. Demnach, was mir die Stuttgarter erzählten, sind diese Maultaschen die besten der Stadt.

Die „Patisserie Tarte & Törtchen" sagt eigentlich schon alles über sich aus. Hier gibt es grandiose Tortenkreationen und Kuchen. Zu finden ist diese Tortenmacherei an der Gutbrodstraße.

Besonders für junge Menschen ist das Nachtleben Stuttgarts bestimmt auch sehr interessant. Nach einem Tagesausflug haben manche immer noch genug Power, um sich in die Clubszene zu stürzen. Auch wenn das nichts für mich ist, so habe ich mich auch darüber informiert. Einige Clubs und Bars sind stadtweit bekannt und immer gut besucht. So gibt es zum einen den Club „Hans im Glück Brunnen". Nahe der U-Bahn-Station Rathaus ist der Club nachts die Anlaufstelle Nummer 1 für Partymenschen. Tagsüber ist dieser Club übrigens ein Ort, um entspannt zu frühstücken.

Des Weiteren gibt es den „Palast der Republik", ein Must-see, wenn es um die Clubszene der Stadt geht. Als Dreh- und Angelpunkt hat es sich zum beliebtesten Club der Stadt entwickelt und wird auf Partytouren als Startpunkt benutzt, um sich dann durch die Clubs der Stadt durchzufeiern. Zu finden ist der Club in der Friedrichstraße 27.

Abschließend habe ich einen Tipp für alle Strandliebhaber. Ja, Sie haben das richtig gelesen. Stuttgart besitzt im Stadtbezirk Bad Cannstatt einen „Stadtstrand" an der Schönetraße Ecke Eisenbahnstraße. Wie an einem echten Strand gibt es hier Sand, Liegestühle und jede Menge Auswahl an Burgern und Grillwürstchen. Auch ein Beachvolleyballfeld und Lichterketten gibt es hier. Eine richtige Strandatmosphäre nahe des Neckars. Einen tollen Blick auf diesen Fluss und den Rosensteinpark auf der gegenüberliegenden Seite haben Sie hier ebenfalls. Besonders an heißen Tagen nachmittags und abends ist ein Besuch empfehlenswert, wenn Sie die Sonne über dem Fluss untergehen sehen. Der Rosensteinpark gegenüber eignet sich übrigens super für ein Picknick im Freien.

Schlusswort

Stuttgart hat viele sehenswerte Orte in der Stadt und in der Umgebung, die es zu entdecken gilt. Durch all die vielen Schlösser und Museen der vergangenen Jahrhunderte fühlt man sich ständig, als wäre man zum Teil viele Jahre zurück in der Zeit. Der Charme dieser alten und gleichzeitig modernen Stadt ist einzigartig und enthält so viel Geschichte, genau wie die vielen Sehenswürdigkeiten, die es zu besichtigen gibt. Mit dieser Mischung aus Geschichte, Kultur, Gegenwart und Vergangenheit hat die Stadt einen unwiderstehlichen Charme.

Wer keine Lust darauf hat, die Umgebung Stuttgarts zu erkunden, hat immer noch genug in der Stadt zu erleben. Andersherum ist es genauso. Wer das Stadtleben eher meidet, kann in der wunderschönen Natur des Umlandes ebenfalls viele spannende Dinge erleben, Schlösser besuchen oder auch dort in Museen wie das Mercedes-Benz Museum oder das Porsche Museum gehen.

Aber vielleicht ist auch eine gesunde Mischung die richtige Lösung. Egal, wie man sich dann letztendlich entscheidet, Stuttgart hält so viel bereit, was es zu entdecken gibt. Versuchen Sie nicht, alles erleben zu wollen, denn das ist bei Großstädten wie Stuttgart nun mal leider nicht möglich. Stuttgart ist einzigartig. Jeder kann in Stuttgart etwas findet, das ihn mit der Stadt verbindet. Man muss Stuttgart nur verstehen, um es zu lieben!

Herstellung und Verlag:

BoD – Books on Demand, Norderstedt

ISBN: 9783751906913

1. Auflage

Kontakt: Psiana eCom UG/ Berumer Str. 44/ 26844 Jemgum

Covergestaltung: Fenna Larsson

Coverfoto: depositphotos.com